Assises Scientifiques, Littéraires et Artistiques

Fondées par Arcisse de CAUMONT

3ᵉ Session — CAEN — 1903

Sous la Présidence de M. DOUARCHE
Premier Président de la Cour d'appel de Caen

17ᵉ Question inscrite au Programme

La Dépopulation en Normandie

SES CAUSES

SES EFFETS

I0098556

TRAITÉE PAR

VOLNEY DELAVIGNE

Pharmacien de 1ʳᵉ Classe au Mans
Propriétaire-Cultivateur, *familiare lare*, à Saint-Pierre-de-Bailleul,
par Gaillon (Eure)
Membre de la Société Linnéenne de Normandie depuis 1884

« La dépopulation des campagnes est le résultat
« d'une mauvaise organisation politique »
Benjamin CONSTANT.

LE MANS
ASSOCIATION OUVRIÈRE DE L'IMPRIMERIE DROUIN
5, Rue du Porc-Épic, 5

1903

Assises Scientifiques, Littéraires et Artistiques

Fondées par ARCISSE DE CAUMONT

3ᵉ Session — CAEN — 1903

Sous la Présidence de M. DOUARCHE
Premier Président de la Cour d'appel de Caen

17ᵉ Question Inscrite au Programme

La Dépopulation en Normandie

SES CAUSES

SES EFFETS

TRAITÉE PAR

VOLNEY DELAVIGNE

Pharmacien de 1ʳᵉ Classe au Mans
Propriétaire-Cultivateur, *familiare lare*, à Saint-Pierre-de-Bailleul,
par Gaillon (Eure)
Membre de la Société Linnéenne de Normandie depuis 1884

> « La dépopulation des campagnes est le résultat
> « d'une mauvaise organisation politique »
> Benjamin CONSTANT.

LE MANS
ASSOCIATION OUVRIÈRE DE L'IMPRIMERIE DROUIN
5, Rue du Porc-Épic, 5

1903

La Dépopulation en Normandie

Bien que s'étant aggravée depuis une vingtaine d'années, la question qui nous préoccupe est bien ancienne ; il importe pourtant de remarquer que, sauf quelques exceptions: Bayeux, Bernay, Les Andelys, Elbeuf, qui ont vu diminuer leur population ; la plupart des villes ont augmenté, certaines même dans des proportions considérables. Ainsi, d'après le recensement de :

1896

Rouen, compte	113.219 hab.	Mais le départe-	
Le Havre.....	119.470	ment entier	
Elles comptent		ne compte	
ensemble ...	232.689	que	837.824 hab.

En 1876

Cet ensemble		Il comptait....	792.768
était de.....	167.919	Il n'a donc aug-	
Il y a donc aug-		mentéque de.	045.056
mentation de.	064.770		

L'augmentation de l'ensemble de population des deux grandes villes est donc dû à leur situation privilégiée de grands ports de commerce et à leur industrie bien plus qu'à l'augmentation de la population du département lequel à ce point de vue, est pourtant le cinquième de France et même le quatrième comme population spécifique (135 par kilom. car.). Son apparente prospérité me le fait choisir pour exemple. Pourtant si l'on tient compte également de l'augmentation des autres villes :

Fécamp, Dieppe, Déville-les-Rouen, Darnetal, Eu, Le Tréport ; etc., etc., dans ce même laps de temps d'une vingtaine d'années, on voit qu'il y a surtout un déplacement considérable de la campagne vers la ville. L'ouvrier des champs se fait ouvrier de l'usine ou de l'atelier ; le petit cultivateur et le propriétaire se font commerçants, négociants, industriels ; chacun selon ses ressources et comptant trop souvent sur des aptitudes leur faisant défaut.

Autant vaudrait demander pourquoi le mulet, cette mauvaise tête, cherche à se débarrasser du bât trop pesamment chargé que de demander la cause de ce désastreux exode :

Ne semble-t-il pas que, de tout temps, les législateurs aient pris pour tâche d'accabler le manant. Ils imposent à la fois le sol qu'il cultive, ses instruments de culture, ses bestiaux y compris le chien qui les garde, sa récolte aussi dont on ne lui laisse plus même le droit de disposer. Il devra en laisser perdre l'excédant ou subir chez lui la présence du gabelou, son ennemi séculaire. La détermination sera vite prise : on subit avec rage une violation de domicile commise sous le couvert d'une signature surprise ou inconsciemment donnée ; on ne se l'imposera pas pour quelques litres d'alcool.

On veut combattre l'alcoolisme prétexte-t-on ; mais alors pourquoi tous ces débits ouverts à chaque porte depuis vingt ans et tenus, la plupart, par des campagnards échappés de leurs sillons pour accoster au passage l'ouvrier, père de famille, qui laissera sur le zinc le pain de ses enfants pour nourrir l'oisif.

Il le faut, dit-on, pour l'équilibre du budget. Que ne supprime-t-on de préférence tous les postes inutiles ; les gros traitements faisant souvent double emploi et triple dépense : Les communications sont maintenant faciles du chef-lieu de canton au chef-lieu de département... mais pourquoi commencer une énumération trop longue !

La prospérité du pays n'est possible que si l'agriculture est florissante ; elle ne peut l'être qu'avec un nombre de travailleurs suffisant, lesquels vous n'aurez qu'en laissant aux pères de famille l'entière confiance dans l'avenir. En voyant sans cesse les impôts augmenter, les biens fonds perdre de leur valeur, ils réduisent leurs charges présentes et désertent un ingrat labeur. De plus, ils interprètent dans un sens complètement abusif une doctrine enseignée par un économiste anglais au commencement du XIX⁰ siècle ; mais que ne fait-on pas pour les convaincre de la nécessité de cette mesure.

Dans les villes, on parle vaguement des résultats de cette néfaste organisation politique ; on sait à peine que de nos cinq départements formant la Normandie, celui de la Seine-Inférieure est le seul où il y ait accroissement de population et encore n'a-t-il contribué qu'à l'augmentation des villes. La Manche qui a diminué pourtant de 74.000 habitants de 1876 à 1896 arrive encore avec une population spécifique de 84 habitants. Le Calvados, en diminution, donne encore le chiffre de 73 habitants restant ainsi un peu au dessus de la moyenne pour toute la France, laquelle est de 72. Mais l'Orne et surtout l'Eure sont en continuelle diminution. A ce point de vue l'Eure pourtant si bien placé pour profiter d'avantages qui font la prospérité des ports de Rouen et de Paris; sillonné des grandes lignes de la Compagnie des chemins de fer de l'Ouest, dont les gares sont trop espacées, n'arrive comme densité de population qu'au chiffre de 58 par kilomètre carré.

On ne saurait imaginer l'état de dépeuplement des campagnes; il faut pour l'apprécier quelques exemples pris dans une seule paroisse.

État actuel de quelques familles comparé à leur situation vers 1870

A. — L'aïeul avait acheté pour deux paires de bœufs, lors de la vente des domaines nationaux, la ferme de La Garonne, 40 hectares environ. Il en fit une belle exploitation agricole tout en redoutant sans cesse d'être dépouillé du produit de son travail.

En 1830, le soleil de juillet avait déjà doré les épis quand, ébranlé par de sourds grondements, le sol les secoua sur leurs chaumes. A peine commencée, la moisson fut suspendue : le fruit de tant de labeurs allait-il être la proie du ci-devant. Au presbytère, un grand drapeau fleurdelysé, arboré dès les premiers grondements du canon semblait l'affirmer quand, le troisième jour, les diligences ayant repris leur service nous arrivèrent surmontées des trois couleurs.

Affermi dans la possession de son domaine, le propriétaire mourut riche, considéré, presque nonagénaire, laissant deux fils élevés tout différemment.

L'un d'esprit simple, cendrillon de la ferme, n'en reçût en partage que la part dont son père ne pût le frustrer au profit de l'autre fils.

Celui-ci, élevé en gentilhomme campagnard, fût un grand chasseur. Il se maria, eût une fille qu'il fit élever en pension. Elle en revint grande demoiselle, s'ennuya à la ferme où elle ne voulut plus rester. La famille alla habiter Vernon et ne tarda pas à s'augmenter d'un gendre qui dépensa son talent d'architecte à introduire le luxe dans la maison. D'ailleurs, cette union ne fût point de longue durée ; elle ne produisit qu'un enfant mort-né ; et le père, d'une santé des plus avariées, mourut interné à l'asile.

L'unique héritière du gentilhomme campagnard, restée veuve et malade est allée, il y a deux ans, rejoindre au tombeau ses imprudents parents.

Le domaine vendu au profit des nombreux enfants du frère resté pauvre, est passé en des mains étrangères, ce qui ne serait pas arrivé si l'on eût fait de cette héritière simplement une bonne fermière en la mariant à un honnête cultivateur.

B. — Deux vieillards, le frère et la sœur, sont restés seuls chacun de leur côté à la tête d'importantes exploitations agricoles, leurs propriétés.

Mariée à un habile et actif cultivateur, la sœur en avait eu une fille.

Le frère ayant eu un fils dont il fit un ingénieur, le maria à sa nièce.

De ce mariage entre cousin et cousine, il vint une fille, laquelle épousa un médecin. Celui-ci gagna au chevet d'un malade une redoutable infection dont il mourut ainsi que la mère de sa femme et le père de celle-ci.

Résultat : Trois morts ; la grand' mère et la petite-fille restées veuves.

A quelque temps de là, le père de la jeune veuve ayant laissé sa fonderie où fondaient ses capitaux plus rapidement que sa graisse, mourut de dégénérescence graisseuse ayant subi déjà une grave opération antérieure.

Outre sa fille restée veuve, il laissa un gros garçon qui fait sa médecine à Paris depuis une dizaine d'années. C'est tout l'espoir des deux octogénaires.

C. — Le mari négociant, gros industriel et propriétaire foncier fut brusquement ravi par la mort à l'affection de sa femme et de ses trois filles malgré sa puissante et robuste constitution.

Il ne resta plus personne pour diriger la multiple entreprise ; on abandonna industrie et négoce ; on fut même amené à vendre les terres bien qu'avec le temps les filles fussent devenues d'âge à établir. Elevées pour vivre à la ville, l'aînée fut mariée à un fonctionnaire, la cadette à un commerçant. La jeune restée seule avec la mère pourrait encore conserver au pays la place et le foyer des ancêtres en épousant un cultivateur, si ses goûts, son éducation et ses aptitudes pouvaient laisser à celui-ci l'espoir d'avoir en elle une compagne habile aux travaux de la ferme.

Incapables de s'occuper de culture ou d'élevage, les deux femmes cherchent à se débarrasser du reste de leurs propriétés pour aller se réfugier à la ville. Quand elles veulent s'y rendre, il leur faut faire appel à la complaisance d'un voisin tout en lui payant sa course.

Déductions tirées des trois exemples précédents.

Fournis par des familles jadis des plus puissantes de la paroisse, ces exemples montrent que les causes qui les ont anéanties ou très affaiblies sont : outre une restriction parcimonieuse du nombre d'enfants, spéculation qui nous fournit aussi de regrettables exemples ; la mauvaise direction donnée à l'éducation des enfants de familles riches ou même seulement aisées :

Appelés à devenir de robustes paysans, à vivre libres au grand air occupés à de rudes travaux qui longtemps entretiendraient leur vigueur, on leur donne une éducation bourgeoise qui les obligera à renoncer à une supériorité que leur assure des aptitudes accumulées par l'hérédité pour, brusquement, passer dans un milieu si complètement opposé qu'il leur faudra une extraordinaire faculté d'adaptation seulement pour s'y maintenir.

L'obésité, la goutte, la paralysie et autres maux inconnus de leurs parents en feront bientôt de lamentables impotents qui ne laisseront après eux que de débiles et malingres descendants,

L'excessive restriction dans le nombre d'enfants est souvent un faux calcul amenant l'anéantissement des familles et même la moins-value de leur succession.

Même à ce point de vue parcimonieux, les familles commettent d'irréparables erreurs de calcul parce que n'augmentant pas elles diminuent. Dans les campagnes, si les propriétaires cultivateurs n'augmentent pas leur famille proportionnellement à l'augmentation de leurs biens, leur revenu diminue.

La valeur du fonds a diminué avec la population et pour cette seule raison ; la terre produit plus qu'autrefois et les récoltes se vendent en moyenne à des prix aussi élevés. Si l'on doublait la population des campagnes, la terre retrouverait sa valeur d'il y a trente ans ; chaque part d'enfant diminuée de moitié en étendue conserverait sa valeur actuelle.

C'est par la démonstration de ce raisonnement aux intéressés, en les aidant au moyen de dégrèvements, en les protégeant dans la légitime possession de leurs biens, en faisant respecter leur personne, leur indépendance et l'inviolabilité de leur domicile, en leur exposant des exemples comme ceux qui suivent qu'on peut espérer les convaincre que leur intérêt personnel et l'élévation du rang social de leur famille s'accordent pour exiger d'eux ce qu'exige aussi la puissance et la prospérité du pays, l'abandon de calculs qui sont absurdes parce que leur but est de beaucoup et depuis longtemps dépassé.

Ainsi, dans cette seule paroisse de l'Eure formée de deux communes comptant ensemble, il y a une trentaine d'années encore, 750 habitants environ, la population est actuellement réduite à 600 habitants. De confortables habitations construites vers cette époque sont fermées ou transformées en étables. Des biens acquis par le fruit de soixante années d'opiniâtres labeurs, accumulés par d'interminables et incessantes privations, sont revendus au profit de cousins éloignés pour le prix qu'ils en trouvent.

Le montant des ventes ainsi faites dans cette paroisse, *seulement celles par adjudication du notaire*, s'est élevé :

en 1901..............	à	70.000 fr.
en 1902..............	à	60.000
en 1903, jusqu'à fin mai	à	40.000
Soit en moins de deux ans et demi		170.000 fr.

Cent soixante-dix mille francs de biens fonds revendus la plupart avec moitié perte sur leur dernier prix d'achat.

Combien d'héritiers, fils et petit-fils de ces rudes travailleurs, ceux-ci eussent-ils pu élever avec les sommes représentant la dépréciation subie du fait de la dépopulation lors de la liquidation qu'ils auraient pu très probablement éviter. Que reste-t-il de tant de travail, de leur paisible intérieur ? Que sont devenus le mobilier, les souvenirs si pieusement conservés des aïeux ? Dispersés à la porte, au hasard des enchères, entre deux quolibets du crieur de ventes.

Inconscients spéculateurs est-ce bien là ce que vous avez voulu préparer ?

Une autre cause encore de dépopulation des campagnes, de désordres nombreux, est un raccolage tout aussi néfaste que la traite des blanches :

Nombreux sont les jeunes — oh ! combien jeunes — campagnards qui, poussés par le désir d'aventures, des contrariétés intimes ou de familles, partent pour la grande ville pleins d'espoir dans l'avenir.

Là, tapies comme des araignées au fond de leurs toiles les attendent des liaisons aussi faciles à nouer que difficiles à rompre.

Bientôt ils ne sont plus seuls et même un dévouement, une affection simulés les entraîne doucement au fond de la tanière.

Selon le hasard de la rencontre, c'est quelquefois une veuve très expérimentée ; le plus souvent une fille depuis longtemps perdue de réputation qui s'est réfugiée à la ville pour y trouver épouseur ; possédant la longue expérience nécessaire pour conduire à bien, ou du moins, faire aboutir l'entreprise dont elles ont fait presque toutes les avances, le mariage devient la sanction légale de vains accouplements. Ils sont contraires aux principes éclairés d'une bonne reproduction, appliqués et judicieusement observés par les éleveurs lors même qu'il ne s'agit que d'un lapin ou d'une volaille.

En les interdisant, le législateur ferait œuvre de saine morale, assurerait au père des enfants plus robustes et plus nombreux.

Il lui éviterait dans l'avenir d'interminables et presque fatales procédures de divorce, lesquelles, d'ailleurs, pourraient parfois être qualifiées d'abominables comédies si elles ne bafouaient la Justice et la Vérité à la face des tribunaux :

Il existe une série complète de preuves écrites et bien authentiques établissant indubitablement que dans une de ces procédures ayant duré dix ans et devant être pourtant recommencée, un plaignant voulant sortir d'une telle embûche, bourbier incontesté où il s'était laissé choir, fût abominablement exploité et trahi en voulant sauver son honorable famille d'un anéantissement trop certain.

Qu'ayant fait appel, l'avoué choisi et chargé par celui de première instance d'éclairer la bonne foi des juges supprima une déposition complémentaire écrite dont l'importance capitale eût assuré enfin le triomphe de la vérité, odieusement travestie. J'ajoute que la victime a partout vainement réclamé contre cet acte inqualifiable et irréparable ainsi que contre toute une suite d'autres aussi arbiiraires dont les conséquences voulues et calculées ont été absolument désastreuses pour sa considération, sa situation financière et commerciale, enfin et surtout, pour sa situation de famille.

On a, au profit du vice, organisé la dépopulation légale.

Où de si odieux trafics peuvent se produire impunément on peut dire avec l'orateur Benjamin Constant que la dépopulation est due à une mauvaise organisation politique.

Condensation exagérée dans les villes de la population rurale.

On en donne pour motifs principaux :

I. — Différence des salaires plus élevés dans l'Industrie que dans la Culture

Cette différence n'est qu'apparente si l'on tient compte des frais supplémentaires qui grèvent le budget de l'ouvrier des villes ; des périodes de morte-saison, des grèves trop fréquentes pendant lesquelles le temps est complètement perdu. A la campagne, l'ouvrier des champs n'a jamais de temps à perdre et lors même qu'il reste chez lui, il y a emploi productif de ses loisirs.

II. — La monotonie de la Vie rurale

Dirigez l'instruction des enfants destinés à vivre aux champs vers les merveilles de la nature ; habituez-les à en interroger les mystères. Sachez les intéresser à la diversité des spectacles grandioses qui les environnent.

Alors la monotonie redoutée sera celle de l'usine ou de l'atelier. Développez l'enseignement agricole afin d'augmenter les profits de l'Agriculture. Rendez plus agréable le séjour des campagnes en les parant comme la bonne ménagère sait avec des riens parer son logis pour y retenir sa famille :

Encouragez les plantations d'ornement, les aménagements d'eaux, sources, cascades ou ruisselets. Facilitez vers les grands centres l'expédition des denrées et les moyens de s'y rendre.

Quand on s'y rend facilement on en revient plus facilement encore heureux de retrouver chez soi l'habitation plus vaste et plus confortable ainsi que la vie paisible des champs qui repose.

Voyez le matin des jours de fête aux abords des grandes gares ces foules affairées si heureuses, toujours, de pouvoir retourner vivre tout un jour « à la campagne ».

Voyez dans les grands jardins publics ces foules de campagnards endimanchés : ils sont venus à la ville y passer quelques jours pour s'y promener ou voir des amis, des parents.

Ils y sont à peine que leurs promenades favorites sont tout ce qui peut leur rappeler jardins, bosquets, rochers, basse-cour.

Rendez leur plus de justice ; traitez les plus équitablement ; ayez pour eux la considération qui leur est due : ils resteront dans leur élément où ils sont indispensables à la prospérité de la patrie.

Le Mans. — Association Ouvrière de l'Imprimerie Drouin, 6, rue du Père-Épic